AF253959

NOTICE BIOGRAPHIQUE

SUR LE

MARÉCHAL DE THOIRAS.

NOTICE BIOGRAPHIQUE

SUR LE

MARÉCHAL DE THOIRAS,

PAR Ernest DELEUZE,

Avocat, Membre du Conseil municipal d'Alais, Membre du Comice
agricole de l'arrondissement.

ALAIS,

Typographie & Lithographie de Mme VEIRUN, libraire,.
GRAND'RUE, 97.

—

1855.

Je m'étonne qu'aucune plume cévenole n'ait pas déjà fait connaître une des illustrations historiques de ces contrées en traçant la vie si noblement remplie du maréchal de Thoiras.

Ce qu'auraient dû faire de doctes biographes, je vais le tenter aujourd'hui et essayer de combler un peu cette lacune dans nos annales languedociennes. A défaut d'amples documents authentiques que je n'ai pu avoir sous les yeux, ma tâche se bornera à une esquisse rapide de la vie de ce grand capitaine ; je laisserai par conséquent beaucoup à glaner aux patients bibliophiles.

I.

Les Thoiras descendaient de l'ancienne maison
du Caylar. Guillaume du Caylar avait épousé,
en 1398, Louise de St-Bonnet, fille de Pierre de
Thoiras; usage très-répandu à cette époque, le
seigneur de Thoiras, à défaut d'héritiers mâles,
légua tous ses biens à sa fille, à condition que
son époux et leurs successeurs porteraient le nom
et les armes de Saint-Bonnet.

Jean de Saint-Bonnet, — un de leurs descendants, — chevalier, seigneur de Thoiras, maréchal de France, naquit le 1er mars 1585, à Saint-Jean du-Gard, qui était un des fiefs de sa famille.

Il eut pour père Antoine de St-Bonnet, seigneur de Thoiras, Montferrier, Restanclières, St-Jean-de-Gardonenque, co-seigneur de Roujean, etc., et pour mère, Françoise du Claret de Saint-Félix, dame de Palières.

On raconte que la noble dame de Thoiras, dans un état de grossesse avancé, assistait à une fête où paradaient bon nombre de hobereaux, quand elle mit au monde l'enfant qui, quarante-cinq ans après, devait recevoir le bâton de maréchal.

II.

Tout bon gentilhomme, tout beau damoiseau faisait patronner par de grands seigneurs son entrée dans le monde en s'attachant à leur personne en qualité de page; c'est ainsi qu'il gagnait ses éperons de chevalier après quelque action qui l'avait mis en relief. Aussi, voyons-nous le jeune seigneur de Thoiras suivre, vers la fin du règne du Béarnais, la cour princière d'un Condé et trouver ainsi un puissant protecteur.

Pendant que les grands du royaume se disputaient le pouvoir après que Henri IV eût rencontré le poignard de Ravaillac, le fils de Marie de Médicis, plein d'aversion pour les affaires sérieuses, s'entourait de jeunes courtisans avec lesquels il s'occupait d'amusements frivoles. L'un d'eux, Albert de Luynes, devint même son favori en dressant des faucons pour les chasses du royal désœuvré. Louis XIII ayant remarqué la bonne mine de Jean de Thoiras nomma ce brillant gentilhomme lieutenant de sa vénerie, puis capitaine de sa volière, quand l'ambition ouverte de Condé eût fait enfermer ce prince à la Bastille.

Mais cette vie voluptueuse, mêlée de plaisirs et d'intrigues, ce vain emploi domestique convenaient peu au mâle caractère et à l'esprit guerrier du jeune seigneur; aussi, accepta-t-il avec empressement un brevet de capitaine au régiment des gardes que lui envoya un jour Louis XIII dans un de ses moments de velléité de pouvoir après le meurtre de l'italien Concini.

III.

La « *Loy fondamentale de la république des Eglises Réformées de France et de Béarn* » paraissait à La Rochelle. Les commandants chargés du gouvernement civil et militaire des *cercles,* Rohan, La Force, Châtillon, Soubise, Bouillon, Lesdiguières levaient des troupes et des subsides, demandaient des secours à la Hollande, à l'Angleterre, aux Etats protestants d'Allemagne ;

les paysans des Cévennes, les villes du Langue-
doc commençaient les hostilités. Louis XIII, sor-
tant de son apathie, aiguillonné par Luynes qui,
bien que pâlissant devant une épée, s'était fait
nommer connétable, rassembla une armée pour
abattre les turbulents politiques.

Pendant que Montmorency guerroyait avec
succès dans les gorges des Cévennes, Louis
XIII, ayant Thoiras parmi ses hommes d'armes,
soumit les places du Poitou, de la Guyenne,
assiégea Montauban, « aussi célébre que La
Rochelle par son énergie républicaine, » s'em-
para de Privas, de Nimes, d'Uzès, de Montpellier.

Thoiras, à la tête de sa compagnie, se distin-
gua à ces différentes affaires, et obtint bientôt
après le grade de maréchal-de-camp et le commandement de l'île de Rhé.

IV.

Cependant, les Calvinistes, pour réparer leurs pertes à l'intérieur, avaient jeté toute leur puissance sur la mer ; ils visaient à la fortune des Hollandais, et avaient équipé plus de cent vaisseaux réunis à La Rochelle. L'Angleterre, mécontente de la politique de là France à l'égard des religionnaires, envoya à leur secours une flotte sous les ordres de « ce fat de Buckingham, » et elle aborda dans l'île de Rhé qui s'était déclarée pour le duc de Soubise.

Cette île était mal fortifiée ; mais Thoiras qui en était gouverneur se retira dans la citadelle St-Martin avec cinq ou six cents hommes d'armes, et fit une vigoureuse défense (1).

De la prise de cette position dépendait le sort de La Rochelle et de la guerre « que les Anglais venaient follement d'entreprendre ; » aussi, le cardinal de Richelieu envoya sans retard à Thoiras des hommes et des munitions, et partit avec le roi en toute hâte. La hardiesse du gouverneur, l'habileté et la persévérance du ministre firent aborder six mille hommes dans Rhé, et les Anglais furent forcés de se rembarquer après une sanglante bataille.

(1) Deux de ses frères, les seigneurs de Montferrier et de Restanclières y perdirent la vie.

V.

Ce fut un coup mortel pour les Rochelais; mais leur ville était très-forte. Pouvant recevoir par leurs vaisseaux, qui tenaient la mer libre, des secours de l'Angleterre, ils se résolurent à une résistance désespérée.

Tous les efforts de Richelieu se concentrèrent sur cette place; le cardinal, auquel Louis XIII avait délégué tout son pouvoir, se fit général, ingénieur, administrateur. Pour couper toute communication avec lés Anglais, il fit construire une digue de sept cents toises de longueur, tout hérissée de forts et de batteries. La Rochelle se soumit après un siège de quatorze mois; on démolit les remparts, on abolit les privilèges municipaux de cette ville qui avait été en révolte presque continuelle depuis Louis XI.

La prise de cette place, à laquelle Thoiras concourut vaillamment, fit largement apprécier son mérite et le couvrit de gloire.

Cet immense succès et la reddition de Privas, qui s'était de nouveau révolté, des Vans, de Saint-Ambroix, d'Alais (1) et d'autres villes du Midi, aboutirent à la paix qui fut signée à Alais, le 27 juin 1629. Ce fut la dernière paix de religion.

(1) On sait que Louis XIII, après la prise de Saint-Ambroix, campa à Salindres qui appartenait au baron d'Alais; puis, voulant se rapprocher de cette ville pour surveiller les travaux du siège, il quitta le château de Montmoirac pour loger au Mas de Bouat, à côté duquel on a établi le pont suspendu des Tamaris; cette métairie fut affranchie de redevance féodale à l'occasion du séjour de son hôte royal.

VI.

La guerre de succession du Mantouan permit
à Thoiras de rendre de nouveaux services à la
France et de cueillir de nombreux lauriers. En-
voyé en Italie, il commanda un corps d'armée
dans le Montferrat, et défendit bravement pendant six mois Casal contre le marquis de Spi-
nola, général de l'armée d'Espagne qui en avait
formé le siège.

L'ennemi, lui-même, sut rendre justice au talent de cet homme de guerre : « *Qu'on me* » *donne,* disait le général espagnol, *cinquante* » *mille hommes aussi vaillants et aussi bien* » *disciplinés que les troupes que M. de Thoi-* » *ras a formées, et je me rendrai maître de* » *l'Europe.* «

La paix ayant fait déposer les armes aux parties belligérantes, nommé ambassadeur extraordinaire, Thoiras, au nom de la France, en négocia les conditions entre le duc de Savoie et le duc de Mantoue et signa les trois traités de Cherasco qui terminèrent la guerre en Italie.

« *On prétend,* disait plaisamment le duc de
» Guise, *que Saint-Roch est devenu saint à*
» *force de faire des miracles; pour M. de*
» *Thoiras, il deviendra maréchal de France,*
» *quoi qu'on en ait, à force de faire de bel-*
» *les actions.* »

Guise avait dit vrai, sa prédiction se réalisa;
Louis XIII, pour récompenser la bravoure de

Thoiras, le nomma maréchal de France, lieutenant-général de ses armées en Italie et chevalier de l'ordre du St-Esprit.

Parvenu à l'apogée de sa gloire, comblé d'honneurs, honoré de tous, le maréchal de Thoiras trouva sur ses pas un envieux omnipotent, ennemi qu'il fut impuissant à combattre : c'était l'homme qui *couvrait tout de sa soutane rouge.*

Le mérite du maréchal fut son seul crime auprès de l'ombrageux cardinal qui, mécontent de la faveur que lui donnaient ses services, l'immola à sa jalouse ambition; il portait *ombre* à Richelieu, il fut *fauché* comme tant d'autres. Tombé en disgrâce, il fut privé de ses pensions et de ses gouvernements.

VIII.

Les ennemis de la France voulurent bien
exploiter son infortune et lui faire tirer l'épée
contre sa patrie; mais Thoiras ne voulut pas être
un traître comme le connétable de Bourbon et
aima mieux être malheureux qu'infidèle. Il resta
éloigné de la France sans proférer aucune plainte,
et visita différentes contrées de l'Europe.

Après la bataille de Nordlingen, un pays ami

de la France, connaissant les vertus militaires de l'illustre proscrit, utilisa sa vaillante épée et le prit à son service. Victor-Amédée, duc de Savoie, alors ligué avec Louis XIII ou plutôt avec Richelieu contre l'Espagne qui était le bras droit de la maison d'Autriche, leva une armée contre l'Espagnol, et, avec l'agrément du roi, en donna le commandement au maréchal en disgrâce. Thoiras envahit aussitôt le pays ennemi, mais en attaquant la place de Fontanelle, dans le Milanais, il trouva la mort du brave en faisant une reconnaissance auprès de la brèche, le 14 juin 1636.

IX.

Après qu'il eut expiré, ses soldats en pleurs
rapportent les chroniques du temps, trempèrent
leur mouchoir dans le sang de sa plaie, en disant que tant qu'ils le porteraient sur eux, ils
seraient invincibles. Son corps fut transporté à
Turin et inhumé dans l'église des Capucins avec
tous les honneurs militaires dus à son grade.

La modestie de Thoiras égalait sa valeur;

lorsqu'il racontait ses exploits, il parlait tou-
jours de lui à la troisième personne, en disant
vaguement : « *Celui qui commandait.....* »

Sans doute, nous verrons un jour Saint-Jean-
du-Gard prendre l'initiative d'une souscription
publique pour élever, sur une de ses places, une
statue au plus illustre de ses enfants, et le gouvernement venir en aide aux Cévennes pour
acquitter une dette de reconnaissance envers une
de nos gloires nationales.

X.

Le maréchal de Thoiras ne laissa que des col-
latéraux. Un de ses frères, Claude du Caylar-Saint-
Bonnet, fut évêque de Nimes. Ayant suivi le parti
de Gaston d'Orléans, le prélat obtint son pardon
moyennant la démission de son évêché. Il se retira
à Montpellier où il possédait la prévôté de la ca-
thédrale, et mourut en 1642.

Un autre frère du maréchal fut gouverneur

de Clermont, de Lodève, de Lunel, et sénéchal de Montpellier; sa fille s'allia à la maison de Nogaret-Calvisson.

Il avait, en outre, trois sœurs, dont l'une épousa le seigneur de Bénézet, l'autre, le seigneur de Lédignan, et la troisième, le seigneur de Cabrières.

On trouve, à la fin du XVIIe siècle, la maison de Thoiras, qui est aujourd'hui éteinte, représentée par François-Jacques de Bermond du Caylar de Saint-Bonnet, marquis de Thoiras, capitaine-lieutenant des chevaux-légers-dauphins, brigadier des armées du roi, qui mourut des blessures qu'il reçut au combat de Leuze, le 19 septembre 1691. Sa fille, Marie-Louise-Nicole du Caylar de Thoiras d'Amboise, comtesse d'Aubijoux, s'unit à un duc de La Rochefoucault.

XI.

Le château de Thoiras se trouve dans la commune de ce nom, canton de Lasalle, assez près
du confluent de la Salindrenque et du Gardon.
Cette demeure seigneuriale a eu de tout temps
beaucoup à souffrir des révolutions. Dans les
guerres de religion, prise d'assaut par un déta-
chement des troupes d'Henri de Rohan, sous les
ordres du sire de Mialet, les créneaux de ses

tours furent abattus, ses fossés furent comblés, son pont-levis fut démoli. En 93, grâce à l'énergie des habitants de la commune, l'antique séjour des Thoiras fut à l'abri de la torche et de la sape des Vandales qui criaient : *Guerre aux châteaux! Paix aux chaumières!* mais on ne put préserver de la rage des égalitaires une grande tour carrée qui couronnait une montagne voisine; ils minèrent cette tour isolée et en firent un monceau de ruines. Pour marquer cependant de quelque manière leur passage devant le château qu'ils ne pouvaient détruire, ces aimables partisans de la liberté grattèrent avec soin, au-dessus de la porte d'entrée, les armoiries de Thoiras qui sont un écu écartelé contenant dans les quartiers deux lions et six fers de cheval.

La Blaquière, décembre 1854.

FIN.